Juliane Kasten

Basel III

Kritische Würdigung neuer Eigenkapitalvorschriften für Banken

Bachelor + Master
Publishing

Kasten, Juliane: Basel III: Kritische Würdigung neuer Eigenkapitalvorschriften für Banken, Hamburg, Bachelor + Master Publishing 2013
Originaltitel der Abschlussarbeit: Basel III · kritische Würdigung neuer Eigenkapitalvorschriften für Banken

Buch-ISBN: 978-3-95549-237-3
PDF-eBook-ISBN: 978-3-95549-737-8
Druck/Herstellung: Bachelor + Master Publishing, Hamburg, 2013
Zugl. Verwaltungs- und Wirtschaftsakademie Berlin, Berlin, Deutschland, Diplomarbeit, Oktober 2012

Bibliografische Information der Deutschen Nationalbibliothek:
Die Deutsche Nationalbibliothek verzeichnet diese Publikation in der Deutschen Nationalbibliografie; detaillierte bibliografische Daten sind im Internet über http://dnb.d-nb.de abrufbar.

© Bachelor + Master Publishing, Imprint der Diplomica Verlag GmbH
Hermannstal 119k, 22119 Hamburg
http://www.diplomica-verlag.de, Hamburg 2013
Printed in Germany

II) Abbildungsverzeichnis:

1. <u>Einleitung</u>

Die Institute der Finanzdienstleistungsbranche müssen seit geraumer Zeit ihre Risiken mit ausreichendem Eigenkapital unterlegen. Die Bestimmungen von Basel II erfordern nicht mehr nur eine pauschale, sondern eine risikobasierte Berücksichtigung. Leider hat die Eigenmittelunterlegung die Finanzkrise nicht verhindern, aufhalten oder eindämmen können. Daher mussten die Regelungen überarbeitet werden. Dies geschah in Form des Basel III-Rahmenwerkes, das mit dem 01.01.2013 Einzug in die Finanzwelt hält. Selten herrschte im Zusammenhang mit den Baseler Regelwerken so viel Kritik verschiedener Interessengruppen, wie bei der aktuellen Überarbeitung.

Die Arbeit soll klären, ob die hervorgebrachte Kritik gerechtfertigt ist und in welchem Zusammenhang Probleme für alle Beteiligten auftreten können. Wird es künftig für Unternehmen schwerer Finanzierungen durch Kreditinstitute zu erhalten? Wird Basel III zu einer Kreditverknappung führen? Müssen Arbeitnehmer in speziellen Instituten die Befürchtung haben ihren Arbeitsplatz zu verlieren?

Nachdem zunächst ein kurzer historischer Abriss über die bisherigen Regelwerke des Baseler Ausschusses und deren Kritik geboten wurde, wird sich der Hauptteil der Arbeit mit der Beschreibung und Diskussion der neuen Eigenkapitalvorschriften befassen, sodass andere gesetzliche Regelungen, wie zum Beispiel die Bankenabgabe oder die Finanztransaktionssteuer, außer Acht gelassen werden. Anschließend werden die Inhalte und die fachlichen Aspekte der neuen Eigenkapitalvorschriften ausführlich erklärt. Im Anhang ist ein Experteninterview mit einem Mitarbeiter einer unabhängigen Unternehmensberatungsgesellschaft zu finden.

2. Historische Entwicklung

2.1. Basel I

Im Jahr 1988 wurde das erste Mal ein Mindeststandard für die Eigenmittelausstattung der Banken ausgesprochen. Es handelt sich hierbei um den Baseler Akkord. Er umfasste zu diesem Zeitpunkt lediglich Empfehlungen an das Eigenkapital. Es wurde eine Quote von 8% der risikogewichteten Aktiva zur Unterlegung der Eigenmittel für Kreditinstitute festgelegt[1].

Mit der Zeit wurde Kritik am Baseler Akkord geübt, da es sich nur um eine standardisierte Rechnung der Kreditrisiken handelte und die ökonomischen Risiken der Institute nicht umfassend beziehungsweise nur vage abbildete. Desweiteren wird das Gesamtrisiko bis hierher nur durch Marktpreis- und Adressausallrisiken definiert. Das operationelle Risiko wurde nur indirekt mit einbezogen.

Durch die zunehmende IT-Abhängigkeit der Banken und der stetigen Steigerung der Komplexität des Bankensystems musste das operationelle Risiko allerdings stärker eingebunden werden. Neue Finanzinstrumente und Methoden der Kreditsteuerung, zum Beispiel in Form von Kreditderivaten und Verbriefung von Aktiva wurden bislang nicht berücksichtigt.[2]

Einen weiteren Kreditpunkt bildete die Qualität der Eigenmittel, da bislang nur die Quantität eine Rolle spielte. Daher wurde der Baseler Akkord überarbeitet und in einem neuen 3-Säulen-Modell präsentiert.

---

[1] vgl. http://www.bundesbank.de/Redaktion/DE/Downloads/Veroeffentlichungen/
Monatsberichtsaufsaetze/2001/2001_04_basel.pdf?__blob=publicationFile, S.16, (Stand 28.09.2012)
[22] vgl. ebd., S.28, (Stand 28.09.2012)

Dieses Modell ist auch besser bekannt als Basel II. Die Umsetzung in deutsches Recht erfolgte am 01.01.2007 in Form der Solvabilitätsverordnung (SolvV).[3]

2.2.   Basel II

Die drei Säulen von Basel II, auf die im Folgenden näher eingegangen wird, umfassen die Mindestkapitalanforderungen, die qualitative Überwachung durch die Bankenaufsicht und erweiterte Offenlegungsanforderungen.

Die nachfolgende Grafik gibt einen kurzen Überblick über die neue Struktur.

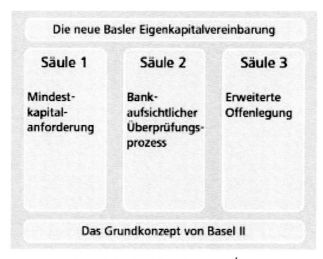

Abbildung 1: 3-Säulen Modell nach Basel II [4]

Das Ziel der überarbeiteten Mindestkapitalanforderungen (Säule 1) sollte die Darstellung eines angemessenen Verhältnisses zwischen dem Eigenkapital und dem Risikoprofil der Institute, insbesondere durch Einschließen des operationellen Risikos, sein. Es handelt sich bei den Vorgaben von Basel II nicht mehr nur um Empfehlungen an die Institute, sondern um Richtlinien, die anschließend durch die Nationalstaaten in gesetzliche Vorgaben übersetzt werden.

---

[3] vgl. Abicht, Teil 4, Kapitel 3.5, S.2
[4] http://www.bundesbank.de/Navigation/DE/Kerngeschaeftsfelder/Bankenaufsicht/Basel2/basel2.html, S. 17, (Stand 28.09.2012)

Das Risikoportfolio der Institute setzt sich demnach aus dem Adressausfall-, Marktpreis- und operationellen Risiko zusammen.

Das Adressausfallrisiko wird schlagend, wenn die Geschäftspartner ihren finanziellen Verpflichtungen gegenüber dem Institut nicht mehr nachkommen.[5]

Das Marktpreisrisiko wird hauptsächlich als Zins-, Währungs-, Kursschwankungs- und Rohstoffrisiken definiert, die bei Wertpapier- und Devisenpositionen oder bei Abschlüssen von Zins- und sonstigen Derivaten entstehen können.

Das operationelle Risiko tritt als Folge von Unangemessenheit oder Versagen von internen Systemen bzw. Menschen oder externer Ereignisse ein. Beispiele hierfür können Systemausfälle der Rechensysteme, Fehler durch Menschen, Naturkatastrophen oder Kriminalität sein.[6]

Im Gegensatz zu den Regelungen nach Basel I, die eine pauschale Unterlegung des Kreditvolumens vorsahen, wird im Zuge von Basel II eine bonitätsabhängige und differenzierte Unterlegung eingeführt.

Die Institute müssen nun die Kreditvergabe mit einer ratingabhängigen Gewichtung klassifizieren, um die Ausfallwahrscheinlichkeit des Kredites beurteilen zu können. Der Grundsatz für die Gewichtung ist dabei, dass Kredite mit einem guten Rating mit weniger als 100% und Kredite mit einem schlechten Rating mit mehr als 100% des Kreditvolumens angesetzt werden.[7]

Die Solvabilitätsverordnung sieht in diesem Zusammenhang zwei verschiedene Ratingansätze vor.[8] Es handelt sich dabei um den Kreditrisiko-Standardansatz (KSA) und den Internen Ratingansatz (IRBA).

---

[5] vgl. Abicht, Teil 4, Kapitel 3.5, S. 5
[6] vgl. Abicht, Teil 4, Kapitel 3.5, S.21
[7] vgl. Abicht, Teil 4, Kapitel 3.5., S. 14
[8] vgl. Beck-Texte, SolV, §8 ff., S. 357ff

Beim KSA werden nur externe Ratings einbezogen. Die Solvabilitätsverordnung sieht für die einzelnen Forderungsklassen ein jeweiliges KSA-Risikogewicht vor. Daraus ergibt sich ein Anrechnungsbetrag, der für die Eigenkapitalunterlegung maßgeblich ist.[9]

Beim IRBA werden die internen Ratings der Institute als Grundlage verwendet. Damit ein Institut sein eigenes Ratingsystem für diesen Ansatz nutzen darf, bedarf es vorher der Prüfung und Zulassung durch die nationale Bankenaufsicht. Um den Anrechnungsbetrag für die Eigenkapitalunterlegung im IRBA berechnen zu können, muss das Institut die Risikokomponenten selbst einschätzen. Der Positionswert wird anschließend, ähnlich wie beim KSA, mit dem entsprechenden Risikogewicht multipliziert.[10] Der daraus abgeleitete risikogewichtete Positionswert dient als Basis für die Ermittlung des benötigten Eigenkapitals.

Grundsätzlich steht es jedem Institut frei, welchen Ratingansatz es wählt. Die Erfahrungen haben jedoch gezeigt, dass die Eigenkapitalerfordernis beim IRBA meistens geringer ausfällt und dieser Ansatz somit günstiger für das Institut ist.

Weiterhin müssen die Institute über angemessene Eigenmittel verfügen. Das bedeutet konkret, dass das Eigenkapital 8% der risikogewichteten Aktiva betragen soll. Um dies darstellen zu können, wurde die Solvabilitäts-Gesamtkennziffer eingeführt.

Die folgende Grafik gibt einen kurzen Überblick über die Bestandteile der Solvabilitäts-Gesamtkennziffer.

Abbildung 2: Solvabilitäts-Gesamtkennziffer[11]

---

[9] vgl. Abicht, Teil 4, Kapitel 3.5, S.12
[10] vgl. Abicht, Teil 4, Kapitel 3.5, S. 15
[11] vgl. Abicht, Teil 4, Kapitel 3.5, S. 5

Das modifiziert verfügbare Eigenkapital setzt sich aus dem haftenden Eigenkapital abzüglich der Abzugspositionen gemäß §10 KWG, Absatz 6a, zusammen. Diese werden hauptsächlich als Wertberichtigungs- und Verlustbeträge definiert, umfassen aber auch diverse andere Positionen.

Das haftende Eigenkapital wird durch die Addition des Kernkapitals und des Ergänzungskapitals und anschließender Subtraktion verschiedener Abzugsposten gebildet[12].

Das Kernkapital ist abhängig von der Rechtsform des Institutes und entspricht dem Eigenkapital besonderer Güte. In der Regel handelt es sich dabei um die teuerste Form des Eigenkapitals. Grundsätzlich setzt es sich aus dem von Gesellschaftern eingezahlten Einlagen und thesaurierten Gewinnen zusammen.

Das Ergänzungskapital besteht, je nach Rechtsform, im Wesentlichen aus Teilen der stillen Reserven, Genussrechten, längerfristige nachrangigen Verbindlichkeiten und dem Haftsummenzuschlag[13]. Das Ergänzungskapital wird in Ergänzungskapital erster und zweiter Ordnung unterteilt. In Summe darf es maximal in Höhe des Kernkapitals angerechnet werden. Darüber hinausgehendes Ergänzungskapital wird als überschüssiges Ergänzungskapital definiert und den Drittrangmitteln zugeordnet.

Die Drittrangmittel sind Eigenkapitalpositionen minderer Qualität und setzen sich aus dem Nettogewinn aus dem Handelsbuch, kurzfristigen nachrangigen Verbindlichkeiten und, wie bereits erwähnt, dem überschüssigen Ergänzungskapital zusammen.

Da durch den Eigenkapitalgrundsatz der Solvabilitätsverordnung mindestens 2/7 der Anrechnungsbeträge der Marktpreisrisiken mit freiem Kernkapital angesetzt werden müssen, dürfen bei der Berechnung der Gesamtkennziffer höchstens 5/7 der Anrechnungsbeträge der Marktpreisrisiken mit Drittrangmitteln unterlegt werden. Diese Position wird „verfügbare genutzte Drittrangmittel" genannt[14].

---

[12] Abzugsposten gemäß § 10 KWG, Absatz 2
[13] vgl. Abicht, Teil 4, Kapitel 3.4, S. 6
[14] vgl. Abicht, Teil 4, Kapiel 3.5, S. 20

Die folgende Grafik verdeutlicht die genannten Regelungen:

Bestandteile der Eigenmittelbasis

EIGENMITTEL	DRITTRANGMITTEL	Kurzfristige Nachrangverbindlichkeiten / Nettogewinne aus dem Handelsbuch / Überschüssiges Ergänzungskapital (Kappungsgrenzen des Kernkapitals übersteigend)	anerkennungsfähig bis zu 250 % des freien Kernkapitals	Unterlegung der Marktrisiken (max. 5/7)
	MODIFIZIERTES VERFÜGBARES EIGENKAPITAL	ERGÄNZUNGSKAPITAL (maximal Kernkapital)	freies Ergänzungskapital	
			gebunden durch Anlagebuch	Unterlegung der Adressenausfallrisiken
		KERNKAPITAL	freies Kernkapital	Unterlegung der Marktrisiken (mind. 2/7)
			gebunden durch Anlagebuch	Unterlegung der Adressenausfallrisiken

Abbildung 3: Bestandteile der Eigenmittelbasis[15]

Die zweite Säule von Basel II bildet die Umsetzung der qualitativen Bankenaufsicht und wird in den Mindestanforderungen an das Risikomanagement (MaRisk) konkretisiert.

Hier muss das Institut seine Risikostrategie formulieren, welche die Risikotragfähigkeit der Geschäfte über einen internen Prozess beschreibt.

Desweiteren muss im Institut eine klare Funktionstrennung zwischen Markt und Marktfolge herrschen. Der Kreditentscheidungsprozess verläuft nach dem vier-Augen-Prinzip und muss so beide Stellen durchlaufen[16].

Ein weiterer Punkt der MaRisk ist die Trennung des Kreditgeschäfts in „risikorelevantes" und „nicht-risikorelevantes" Geschäft. Das „risikorelevante" Geschäft erhöht das Kreditrisiko und somit auch das Insolvenzrisiko des Institutes. Das „nicht-risikorelevante" Geschäft hingegen dient zur Diversifikation des Kreditportfolios[17].

Die dritte Säule von Basel II umfasst die Vorschriften und teilweise Empfehlungen zur Offenlegung diverser Angaben zur Eigenkapitalausstattung und Risikolage des Institutes.

---

[15] vgl. Abicht, Teil 4, Kapitel 3.4, S.20
[16] vgl. Abicht, Teil 4, Kapitel 3.5.8, S. 1ff.
[17] vgl. ebd.

Sofern die Offenlegung aller relevanten Informationen und somit auch die Transparenz für alle Marktteilnehmer gewährleistet sind, dürfen die Institute auf den Einsatz eigener Risikomessinstrumente zurückgreifen. Die zu veröffentlichenden Informationen werden in vier Kategorien unterteilt:

- Eigenmittelstrukturen
- Anwendung der Eigenkapitalvorschriften
- eingegangene Risiken
- Eigenkapitalausstattung[18]

2.3. Liquiditätsverordnung

Zusätzlich zu den Bestimmungen nach Basel II und der Solvabilitätsverordnung spielt die Liquiditätsverordnung in der Risikosteuerung eine wesentliche Rolle. Es handelt sich hierbei um das Liquiditätsrisiko, welches in das Refinanzierungs-, Termin-, Abruf- und derivative Risiko unterteilt wird[19].

Das Refinanzierungsrisiko wird als Risiko aus der Fristentransformation definiert. Es entsteht demnach, wenn die Mittelaufnahme und die Mittelverwendung zeitlich auseinanderfallen[20].

Das Terminrisiko beschreibt die Gefahr, dass Zins- und Tilgungsleistungen nicht pünktlich eingehen.[21]

Das Abrufrisiko entsteht, wenn Kreditlinien von Schuldnern oder Einlagen von Gläubigern unvorhergesehener Weise abgerufen werden[22].

---

[18] vgl. http://www.bundesbank.de/Redaktion/DE/Downloads/Veroeffentlichungen/
Monatsberichtsaufsaetze/2001/2001_04_basel.pdf?__blob=publicationFile, S.32 (Stand 28.09.2012)
[19] vgl. Abicht, Teil 4, Kapitel 4.3, S. 1ff.
[20] vgl. ebd.
[21] vgl. Abicht, Teil 4, Kapitel 4.3, S. 1ff.
[22] vgl. ebd.

Derivative Liquiditätsrisiken entstehen, wenn als Folge von Adressausfall- oder Markt-risiken die geplanten Einnahmen sinken oder sich die Ausgaben erhöhen.

Als eines der obersten Bankziele gilt die jederzeitige Zahlungsfähigkeit. Diese spiegelt sich in der ausreichenden Liquidität des Institutes wider. Als Grundlage für die Steue-rung hat die Bundesanstalt für Finanzdienstleistungsaufsicht (BaFin) die Liquiditätsver-ordnung eingeführt. Die Verordnung sieht vor, dass den entsprechenden Zahlungsver-pflichtungen ausreichende Zahlungsmittel gegenüberstehen. Die Liquiditätsverordnung sieht dazu für die Zahlungsmittel und die Zahlungsverpflichtungen verschiedene An-rechnungsgrade (von 5% bis 100%) vor und unterscheidet zwischen vier Laufzeitbän-dern.

Es handelt sich hierbei um die Liquiditätskennzahl, die Zahlungsmittel und Zahlungs-verpflichtungen bis zu einem Monat berücksichtigt. Der Quotient dieser beiden Werte muss stets größer als eins sein und von den Instituten eingehalten werden.

Die Laufzeitbänder zwei bis vier[23] gelten nur als Beobachtungskennziffern. Alle vier Kennzahlen müssen der BaFin gemeldet werden, damit ein rechtzeitiges Eingreifen gewährleistet ist.

Die folgende Abbildung soll die vorstehende Erklärung verdeutlichen:

Einteilung in Laufzeitbänder

1. Laufzeitband	2. Laufzeitband	3. Laufzeitband	4. Laufzeitband
täglich fällig bis zu einem Monat	über einem Monat bis zu drei Monaten	über drei Monate bis zu sechs Monaten	über sechs Monate bis zu zwölf Monaten
Liquiditätskennzahl: $\dfrac{\text{Zahlungsmittel}}{\text{Zahlungsverpflichtungen}} \geq 1$	Beobachtungskennzahlen		

Abbildung 4: Einteilung in Laufzeitbänder[24]

[23] 2. Laufzeitband = 1-3 Monate, 3.Laufzeitband = 3-6 Monate, 4. Laufzeitband = 6-12 Monate
[24] vgl. Abicht, Teil 4, Kapitel 4.3 S. 3

2.4. Kritik an Basel II

Trotz des überarbeiteten und umfassenden Regelwerkes entstanden diverse Kritikpunkte an Basel II.

Die hybriden[25] Kapitalbestandteile wuchsen an, da es sich dabei um eine kostengünstigere und einfachere Kapitalaufnahme handelte. Die Schwäche dieser Eigenkapitalposition besteht darin, dass es nur bedingt zur Verlustabsorption geeignet ist. Außerdem gehört es, durch die Einräumung von Kündigungsfristen, nicht zum dauerhaften Bestand des Institutes. Desweiteren fehlten detaillierte Offenlegungspflichten und einheitliche Begriffsdefinitionen. Dieses hatte zur Folge, dass den Instituten große Freiräume blieben und die Vergleichbarkeit kaum gegeben war.

Ein weiterer Kritikpunkt war, dass die Banken auch schon vor der Finanzkrise eine sehr hohe bilanzielle und außerbilanzielle Verschuldung auswiesen. Die Institute waren gerade in der Finanzkrise zur Veräußerung der Aktiva gezwungen. Da sie dies meist unter dem eigentlichen Wert taten, wurden weitere Verluste realisiert[26].

Zudem wurde die Eigenkapitalunterlegung sehr stark an dem Risikogehalt und der Ausfallwahrscheinlichkeit des Kredites ausgerichtet. Das Kreditvolumen im Vergleich zum Eigenkapital und somit die Gesamtverschuldung spielte nur eine untergeordnete Rolle.

In der Finanzkrise wurde weiterhin deutlich, dass das Liquiditätsrisiko unterschätzt wurde. Zum Höhepunkt der Krise war das Misstrauen der Banken untereinander so hoch, dass die Liquiditätsbeschaffung mittels Kreditaufnahme kaum mehr möglich war. Hier war eine Neuerung unumgänglich.

---

[25] Diese Kapitalbestandteile weisen Merkmale von Eigen- und Fremdkapital auf.
[26] vgl. http://www.bundesbank.de/Redaktion/DE/Downloads/Veroeffentlichungen/Buch_Broschuere_ Flyer/bankenaufsicht_basel3_leitfaden.pdf?__blob=publicationFile, S.28, (Stand 28.09.2012)

3. Überblick über Basel III

3.1. Grundüberlegungen

Durch die o.g. Kritik entstand die Notwendigkeit das Regelwerk von Basel II zu überarbeiten und weiterzuentwickeln. Dies hat die Einführung von Basel III zur Folge. Das Ziel von Basel III ist die Verbesserung der Qualität und Quantität der Eigenmittel der Institute. Es soll eine einheitliche, konsistente und transparente Kapitalstruktur herrschen. Desweiteren sollen die Offenlegungsanforderungen erweitert werden[27].

Die Maßnahmen hierfür stellen die schrittweise Einführung neuer Kapitalvorschriften und der ratierlich abnehmende Bestandsschutz für bisherige Kapitalbestandteile dar.

Die Probleme, die hierbei zu erwarten sind und auf die im Laufe der Arbeit näher eingegangen wird, sind vor allem die Veränderung der von Investoren erwarteten Rentabilität, die Verringerung der Kreditvergabe und die daraus resultierende Gefährdung der wirtschaftlichen Erholung.

3.2. Eigenkapitalstrukturen

3.2.1. Hartes und zusätzliches Kernkapital

Das Kernkapital steht im vollen Umfang zum Auffangen von Verlusten während der Unternehmensfortführung und zur Vermeidung einer Insolvenz zur Verfügung. Es wird demnach auch als „going-concern capital" bezeichnet.[28]

---

[27] vgl. http://www.bundesbank.de/Redaktion/DE/Downloads/Veroeffentlichungen/Buch_Broschuere_Flyer/bankenaufsicht_basel3_leitfaden.pdf?__blob=publicationFile, S.7, (Stand 28.09.2012)
[28]vgl. ebd. S.10, (Stand 28.09.2012)

Das Kernkapital wird in hartes und zusätzliches Kernkapital unterteilt. Das harte Kernkapital entspricht dabei 4,5% der risikogewichteten Aktiva zuzüglich eines Puffers[29] in Höhe von 2,5% und beträgt somit in Summe maximal 7%. Die Aufstockung des harten Kernkapitals von 2% auf 4% erfolgt schrittweise bis zum Jahr 2015[30].

Die Merkmale des harten Kernkapitals werden in einem 14 Punkte umfassenden Kriterienkatalog des Baseler Ausschusses definiert. Somit soll sichergestellt werden, dass sowohl die Quantität als auch die Qualität Berücksichtigung finden. Grundsätzlich ist der Kriterienkatalog auf Aktiengesellschaften ausgerichtet. Dennoch werden die Besonderheiten anderer Rechtsformen, zum Beispiel Genossenschaften oder öffentlich-rechtlichen Sparkassen, berücksichtigt. Ihnen werden mehr Freiheiten eingeräumt. Dennoch müssen die Bestandteile des harten Kernkapitals folgende Merkmale aufweisen:[31]

- effektive Kapitaleinzahlung
- Dauerhaftigkeit der Kapitalbereitstellung
- Nachrangigkeit und uneingeschränkte Verlustteilnahme
- keine obligatorischen Ausschüttungen

Grundsätzlich muss die Rückzahlung der Positionen des harten Kernkaitals außerhalb der Liquidation ausgeschlossen sein. Sie müssen gemäß den Rechnungslegungsvorschriften als Eigenkapital und somit gesondert in der Bilanz ausgewiesen werden. Die Emission darf nur mit Zustimmung der Eigentümer erfolgen.

Das harte Kernkapital setzt sich demnach aus Stammaktien, Aufgeld, Gewinnrücklagen, anderen offenen Rücklagen und eingeschränkten Minderheitenanteilen Dritter zusammen. Diese werden durch diverse Abzugsposten korrigiert.

Diese Abzugsposten wurden im Vergleich zu Basel II vollständig überarbeitet. Das Ziel stellte hierbei die aufsichtliche Vereinheitlichung dar. Die wichtigsten Positionen bilden

---

[29] Kapitalerhaltungspuffer – siehe Kapitel 3.2.4
[30] vgl. http://www.bundesbank.de/Redaktion/DE/Downloads/Veroeffentlichungen/Buch_Broschuere_Flyer/bankenaufsicht_basel3_leitfaden.pdf?__blob=publicationFile, S.18, (Stand 28.09.2012)
[31] vgl. ebd., S.11, (Stand 28.09.2012)

die immateriellen Vermögensgegenstände, nicht-konsolidierte Beteiligungen, aktive latente Steuern und Anteile im Fremdbesitz. Die Folge der Neuregelung der Korrekturposten führt zu einer deutlichen Verschärfung der Kapitalregeln.

Das zusätzliche Kernkapital beinhaltet die Posten, die vormals als hybrides Kernkapital galten. Sie werden weiterhin, jedoch in einem wesentlich geringeren Umfang, akzeptiert.

Grundsätzlich gelten die gleichen Merkmale wie für das harte Kernkapital, allerdings ist die Kündigung beziehungsweise Rückzahlung des Emittenten unter bestimmten Bedingungen möglich. Dennoch müssen die Bestandteile nachrangig gegenüber Einlegern, Kapitalgebern und nachrangigen Gläubigern des Institutes sein.

Das zusätzliche Kernkapital setzt sich aus Kapitalinstrumenten, Aufgeld und eingeschränkten Minderheitsanteilen Dritter zusammen[32].

3.2.2. Ergänzungskapital

Die bisherige Einteilung des Ergänzungskapitals in erste und zweite Ordnung entfällt. Es beträgt 2% der risikogewichteten Aktiva. Die bisherige Kappungsgrenze in Höhe von 100% des Kernkapitals entfällt durch die neue Quotenregelung.

Das Ergänzungskapital steht dem Institut im Insolvenzfalle zur Verfügung. Es wird daher auch „gone-concern capital" genannt[33]. Wie bereits an der Quantität des Ergänzungskapitals festgestellt werden kann, verliert es im Vergleich zu Basel II an Bedeutung.

Das Ergänzungskapital muss ebenfalls einem Kriterienkatalog des Baseler Ausschusses, der allerdings nur neun Punkte umfasst, standhalten können. Die wichtigsten Bestandteile des Ergänzungskapitals sind hiernach die längerfristigen, nachrangigen Verbind-

---

[32] vgl. http://www.bundesbank.de/Redaktion/DE/Downloads/Veroeffentlichungen/Buch_Broschuere_ Flyer/bankenaufsicht_basel3_leitfaden.pdf?__blob=publicationFile, S.13, (Stand 28.09.2012)
[33] vgl. ebd., S.15, (Stand 28.09.2012)

lichkeiten, die Vorzugsaktien, das Aufgeld, die freien Pauschalwertberichtigungen beziehungsweise die Wertberichtigungsüberschüsse.

Die vorzeitige Rückzahlung der Kapitalbestandteile des Ergänzungskapitals ist dabei ausgeschlossen. Eine Ausnahme hiervon bilden hierbei die endfälligen Emissionen ab einer Restlaufzeit von fünf Jahren. Diese werden schrittweise zurückgeführt.

3.3.3 Puffer

Das Basel III-Regelwerk sieht die Einführung zwei verschiedener Puffer vor. Es handelt sich dabei um den Kapitalerhaltungs- und den antizyklischen Puffer.

Der Kapitalerhaltungspuffer ist Bestandteil des harten Kernkapitals. Er gilt als regulatorisches Paradoxon, da die höheren Kapitalanforderungen nicht genutzt werden können. Die Unterschreitung der Mindestanforderung des Kapitalerhaltungspuffers hat zur Folge, dass Sanktionen verhängt oder die Geschäftserlaubnis entzogen werden kann.

Der Kapitalerhaltungspuffer soll in wirtschaftlich guten Zeiten aufgebaut werden und 2,5% der risikogewichteten Aktiva betragen. Diese Vorgehensweise wird schrittweise in Höhe von 0,625% pro Jahr ab dem 01.01.2016 erfolgen. Die volle Höhe des Kapitalerhaltungspuffers wird von den Instituten ab dem 01.01.2019 verlangt[34].

Die Abschmelzung des Kapitalerhaltungspuffers soll zum Auffangen von Verlusten und damit zur Fortführung des Geschäftsbetriebes dienen. Die Reduzierung des Puffers hat eine geminderte Ausschüttung von Gewinnen und diskretionärer Zahlungen (zum Beispiel Bonuszahlungen) zur Folge. Diese Ausschüttungsbeschränkung soll die Vortäuschung von Finanzstärke trotz eingefahrener Verluste verhindern. Dies war nämlich vor allem in der Finanzkrise eine gängige Praxis.

Als zweiter Puffer wird der antizyklische Puffer eingeführt. Dieser beträgt zwischen 0 und 2,5%. Erfahrungen haben gezeigt, dass Zeiten eines hohen Kreditwachstums oft

---

[34] vgl. Breidenbach, S.30

Phasen von Verlusten folgten. Diese Abfolge wurde in der Finanzkrise besonders deutlich.

Das Ziel der Einführung des antizyklischen Puffers ist die Vermeidung zyklischen Verhaltens - wie bspw. die Aufnahme von Eigenkapital oder der Abbau von Aktiva in Rezessionen - und somit eine Reduktion der Volatilität dieses Zyklusses. Gerade in Zeiten eines wirtschaftlichen Aufschwungs ist ein übermäßig hohes Kreditwachstum zu verzeichnen. Der antizyklische Puffer muss in diesen Zeiten zur Bremsung der Kreditvergabe und Vermeidung von Spekulationsblasen gebildet werden.

Um den Zeitpunkt zur Bildung des antizyklischen Puffers bestimmen zu können, wird die Relation vom Kreditvolumenwachstum zum Bruttoinlandsprodukt gemessen. Dazu wird als erstes das Verhältnis des Bruttoinlandsproduktes zum an Nichtbanken vergebenen Kreditvolumen gemessen. Dieses Verhältnis wird auch als Credit to GDP-Ratio bezeichnet. Anschließend wird dieses Verhältnis im Langfristtrend des Credit-to-GDP Ratio betrachtet. Sofern die Differenz größer als 2% ist, wird der antizyklische Puffer gebildet. Bei einer Differenz von 10% erreicht der antizyklische Puffer sein Maximum in Höhe von 2,5%.[35]

Der Aufbau des antizyklischen Puffers wird von der jeweiligen Aufsichtsbehörde angeordnet und muss durch die Institute spätestens 12 Monate nach Ankündigung erfolgen.

Die Einführung dieses Puffers erfolgt schrittweise ab dem 01.01.2016. Die Planungen sehen einen Aufbau in Höhe von 0,625% pro Jahr vor. Dennoch wird dabei die volle Einführung des Puffers durch die nationalen Aufsichtsbehörden zu einem früheren Zeitpunkt nicht gänzlich ausgeschlossen.

---

[35] http://deutsches-institut-bankwirtschaft.de/Walter%20Prozyklizitaet%20von%20Kapitalanforderungen.pdf, S. 52ff., (Stand 28.09.2012)

3.3 Erweiterte Offenlegungsanforderungen

Wie eingangs erwähnt bestand am Basel II-Regelwerk Kritik bezüglich der Offenlegungsanforderungen. Sie wurden nicht einheitlich gelebt und ließen den Instituten viele Freiräume. Basel III sieht vor die Auslegung und Anwendung der Offenlegungsanforderungen zu vereinheitlichen. Daher müssen die Institute die aufsichtlichen Eigenmittel offen darlegen.

Die regulatorischen Kapitalelemente müssen mithilfe einer Überleitungsrechnung vollständig aus der testierten Bilanz entnommen werden. Weiterhin erfolgt durch die Institute eine separate Offenlegung aller Korrekturposten und der Positionen, die einer Ausnahmeregelung unterliegen und somit nicht vom harten Kernkapital abgezogen werden.[36]

Die Institute müssen beschreiben welche Beschränkungen und Mindestanforderungen sie verfolgen. Außerdem müssen sie die Berechnung öffentlicher Quoten, die auf die Nutzung bestimmter Komponenten des Kernkapitals abzielen, offenlegen. Desweiteren müssen die Institute über die wesentlichen Merkmale der emittierten Kapitalinstrumente berichten und die Emissionsbedingungen auf ihrer Internetseite für die anderen Marktteilnehmer veröffentlichen.

3. 4 Verschuldungsgrad

Im Rahmen von Basel III wird die Leverage Ratio (Verschuldungsgrad) in Höhe von 3% geprüft. Das bedeutet, dass die Aktiva und außerbilanziellen Geschäfte maximal das 33,33-fache des Eigenkapitals betragen dürfen.[37]

---

[36] http://www.bundesbank.de/Redaktion/DE/Downloads/Veroeffentlichungen/Buch_Broschuere_Flyer/bankenaufsicht_basel3_leitfaden.pdf?__blob=publicationFile, S. 17, (Stand 28.09.2012)
[37] vgl. Stocklassa, S. 6

Die Leverage Ratio wird monatlich von den Instituten berechnet und ist quartalsweise zu melden. Die Durchschnittsberechnung soll eine Verzerrung durch stichtagsbezogene Bilanzpolitik weitestgehend ausschließen[38].

Allerdings kam gerade bei Banken mit einem risikoarmen und volumenreichen Kreditportfolio diesbezüglich großer Protest. Daher wurde ein Konsens gefunden. Dieser sagt aus, dass die Leverage Ratio in den Jahren 2013 bis 2017 beobachtet und ausgewertet wird. Im Jahr 2017 wird über die weitere Vorgehensweise verhandelt.

3.5 Liquiditätsstandards

Die Finanzkrise begann mit einer Liquiditätskrise. Da die Banken ihre Liquidität nicht umsichtig steuerten und die Grundsätze der Liquiditätsplanung nicht einhielten, gerieten sie in Schwierigkeiten.

Vor der Finanzkrise waren Vermögenswerte und Liquidität leicht und kostengünstig zu erwerben. In der Krise zeigte sich, dass Illiquidität lange anhalten kann und der Druck auf das Bankensystem stieg enorm. Die Funktionsfähigkeit des Geldmarktes konnte nur durch das Eingreifen der Zentralbanken gewährleistet werden.

Bislang gilt für die Institute zu dieser Problemstellung die Liquiditätsverordnung, die allerdings nicht international Einzug fand. Daher werden die Liquiditätskennziffer und die Beobachtungskennziffern[39] von zwei neuen Liquiditätsstandards, der Mindestliquiditäts- und der strukturellen Liquiditätsquote, abgelöst.

Das Ziel dieser beiden Quoten ist die Darstellung der kurzfristigen und mittelfristigen Widerstandskraft des Liquiditätsprofils. Es ist ausdrücklich festzuhalten, dass es sich hierbei um Mindeststandards handelt.

---

[38] http://www.bundesbank.de/Redaktion/DE/Downloads/Veroeffentlichungen/Buch_Broschuere_Flyer/bankenaufsicht_basel3_leitfaden.pdf?__blob=publicationFile, S.28, (Stand 28.09.2012)
[39] Siehe 2.3

Der Baseler Ausschuss für Bankenaufsicht gewährt den Instituten gewisse Übergangsfristen und führt Beobachtungsphasen für beide Liquiditätsquoten ein. Diese sollen eine vorausschauende Steuerung der Liquidität und eine weiterhin umsichtige Kreditvergabe der Institute sowie eine Korrektur von eventuellen Fehlleitungen gewährleisten.

3.5.1 Mindestliquiditätsquote

Die Mindestliquiditätsquote unterliegt einem Beobachtungszeitraum bis zum 31.12.2014 und wird am 01.01.2015 voraussichtlich eingeführt. Sie stellt die kurzfristige Komponente der neuen Liquiditätsstandards dar und verfolgt einen Zeithorizont von 30 Tagen, da grundsätzlich davon ausgegangen wird, dass am 30. Tag weitere Maßnahmen zur Ordnung der Liquidität eingeleitet werden[40].

Ziel dieser Quote ist es, dass die Institute einen angemessen Bestand an lastenfreien, erstklassigen liquiden Aktiva halten, um im Falle eines Stressszenarios ihren Bedarf an kurzfristiger Liquidität decken zu können.

Die Stressszenarien[41] werden dabei wie folgt definiert:
- teilweiser Abzug von Einlagen
- unerwartete Inanspruchnahme von zugesagten Kreditlinien
- Verlust der ungesicherten Refinanzierung

Die untenstehende Grafik gibt einen kurzen Überblick über die Berechnung und die Komponente der Mindestliquiditätsquote.

Bestand an erstklassigen liquiden Aktiva	≥ 100%
Gesamter Nettoabfluss von Barmitteln in den nächsten 30 Kalendertagen	

Abbildung 5: Mindestliquiditätsquote[42]

---

[40] http://www.bis.org/publ/bcbs188_de.pdf, S.4, (Stand 28.09.2012)
[41] Siehe http://www.msg-gillardon.de/themengebiete/unternehmenssteuerung/aufsichtsrecht/basel-iii/basel-iii-neue-liquiditaetsstandards.html (Stand 28.09.2012)
[42] http://www.bis.org/publ/bcbs188_de.pdf S. 4 (Stand 28.09.2012)

Das wichtigste Merkmal, das die erstklassigen liquiden Aktiva erfüllen müssen, ist die problemlose Liquidierbarkeit an den Märkten im Falle eines Stressszenarios. Weiterhin müssen sie notenbankfähig sein und ein geringes Markt- und Kreditrisiko aufweisen. Es muss eine hohe Transparenz im Markt gegeben sein, sodass sich die Marktteilnehmer über den Wert des Vermögenswertes schnell einigen können.

Die erstklassig liquiden Aktiva werden in zwei Kategorien eingeteilt. Sie werden in Aktiva der Stufe 1, die ohne Abschläge angerechnet werden können, und Aktiva der Stufe 2, die mit Abschlägen hinzugerechnet werden, unterteilt.

Als zweite Komponente wird der gesamte Nettoabfluss von Barmitteln in den nächsten 30 Kalendertagen genannt. Hier werden die gesamten zu erwarteten Abflüsse von Barmitteln berücksichtigt. Außerdem werden die zu erwarteten Mittelzuflüsse im vorgegebenen Stressszenario der ersten 30 Tage subtrahiert.[43]

Die Institute dürfen bei der Berechnung der Mindestliquiditätsquote keine Position doppelt aufführen. Das bedeutet, wenn ein Posten in den Bestand an erstklassig liquiden Aktiva aufgeführt wird, darf er nicht im Nenner als Barmittelzufluss berücksichtigt werden.

3.5.2 Strukturelle Liquiditätsquote

Die strukturelle Liquiditätsquote betrachtet einen Zeitraum von einem Jahr und unterliegt einem Beobachtungszeitraum bis zum 31.12.2017. Ab dem 01.01.2018 wird sie als zweiter Mindeststandard voraussichtlich eingeführt. Ihr Ziel ist es die Refinanzierung der langfristigen Aktiva durch stabile Passiva in einem Stressszenario sicherzustellen.

Die Stressszenarien beinhalten hier beispielsweise eine Veränderung der Solvabilität des Institutes infolge erhöhten Risikos, eine mögliche Ratingherabstufung oder ein anderes Ereignis mit negativen Auswirkungen auf die Kreditwürdigkeit des Institutes.

---

[43] http://www.bis.org/publ/bcbs188_de.pdf, S.13, (Stand 28.09.2012)

Die strukturelle Liquiditätsquote wird wie folgt berechnet:

Verfügbarer Betrag stabiler Refinanzierung	> 100%
Erforderlicher Betrag stabiler Refinanzierung	

Abbildung 6: strukturelle Liquiditätsquote[44]

Die stabile Refinanzierung wird als zuverlässige Mittelquelle, die dem Institut in einem Zeitraum von einem Jahr in einem anhaltenden Stressszenario zur Verfügung steht, definiert. Es wird dabei zwischen dem verfügbaren Betrag und dem erforderlichen Betrag unterschieden.

Um den verfügbaren Betrag, der in der Formel im Zähler genannt ist, zu berechnen, wird zuerst das Eigen- und das Fremdkapital in eine von fünf Kategorien eingeteilt und anschließend mit einem ASF[45]-Faktor multipliziert. Dieser Faktor spiegelt die Stabilität einer Position wider. Er kann einen Wert zwischen 0% (instabil) und 100% (stabil) einnehmen.

Um den erforderlichen Betrag stabiler Refinanzierung, der in der Formel im Nenner aufgeführt wird, zu bestimmen, werden alle von der Bank gehaltenen und finanzierten Aktiva summiert und mit einem RSF[46]-Faktor multipliziert. Dieser Faktor gibt die Liquidität der Position an. Je höher der Faktor ist, umso liquider ist sie.

Sowohl der ASF- als auch der RSF-Faktor werden nicht von den Instituten selbst, sondern von der Bankenaufsicht bestimmt.

---

[44] http://www.bis.org/publ/bcbs188_de.pdf S.28 (Stand 28.09.2012)
[45] Available Stable Funding
[46] Required Stable Funding

4.   Kritische Würdigung der Neuerungen nach Basel III

4.1.   Die Neuerungen nach Basel III fördern die Prozyklizität!

Dem Regelwerk von Basel II wurde nachgesagt, dass es prozyklisch und wenig flexibel gestaltet ist. Daher wurden bei der Überarbeitung des Regelwerkes und der Einführung von Basel III einige Mechanismen eingebaut, um die Prozyklizität zu dämpfen. In diesem Kapital wird die Einführung des antizyklischen Puffers untersucht.

Wie bereits im Kapitel 3.2.3 geschildert, hängt die Bildung und Auflösung des antizyklischen Puffers von dem langfristigen Verhältnis des Kreditvolumens zum Bruttoinlandsprodukt ab. Die Wahl des Indikators wurde nach vielen Studien getroffen. Um feststellen zu können, ob damit der richtige Indikator gewählt wurde, ist es wichtig zu wissen, ob eine Wechselwirkung zwischen Kreditvolumen und Bruttoinlandsprodukt besteht und wie diese sich äußert.

Das Kreditvolumen und das Bruttoinlandsprodukt unterliegen einem Zyklus, der dem Konjunkturzyklus ähnelt. Das bedeutet, dass in Zeiten wirtschaftlichen Aufschwungs auch die Kreditvergabe steigt. Gerade in diesen Zeiten rechnen die Institute mit einer geringeren Ausfallwahrscheinlichkeit. Diese hat einen direkten Einfluss auf die Ratings der Kreditnehmer und begünstigt die Kreditvergabe.

Diese Abhängigkeit wird auch in Zeiten des Abschwungs deutlich. Die Institute benötigen beim Abschwung eine höhere Eigenkapitalunterlegung. Die dadurch eher zurückhaltende Kreditvergabe sorgt dann für eine geringere Investitionsmöglichkeit der Unternehmen und schwächt somit die Wirtschaft.

Weiterhin ist das Kreditvolumen als Spätindikator zu klassifizieren. Das bedeutet, dass es leicht verzögert auf den Konjunkturverlauf reagiert und in Zeiten des Abschwungs weiterhin überdurchschnittlich bleibt. Demnach wäre dann ein antizyklischer Puffer zu bilden. In diesem Fall wäre das Signal zur Auflösung zu spät gekommen.

Desweiteren benötigt die Credit-to-GDP-Ratio einen gewissen Zeitraum um die definierte Schwelle von 2% im Langfristtrend zu durchkreuzen[47].

Die folgende Darstellung verdeutlicht dies:

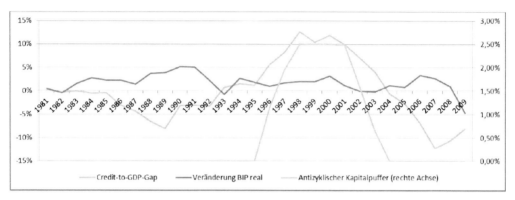

Abbildung 7: Credit-to-GDP-GAP und antizyklischer Kapitalpuffer für Deutschland [48]

In der Abbildung wird deutlich, dass in der Zeit von 1996 bis 2003 der antizyklische Puffer eine Rolle gespielt hätte. In der Zeit von 1998 bis 2002 wäre es zur maximalen Bildung des antizyklischen Puffers in Höhe von 2,5% gekommen.

Der Baseler Ausschuss scheint sich dieser Tatsache bewusst zu sein, denn es wurde versucht durch die Vorlaufzeit von 12 Monaten diesem Umstand Rechnung zu tragen. Dennoch ist dies nur bei der Bildung des antizyklischen Puffers möglich. Die Auflösung des Puffers muss sofort erfolgen.

---

[47] vgl. http://deutsches-institut-bankwirtschaft.de/Walter%20Prozyklizitaet%20von%20 Kapitalanforderungen.pdf , S.52 ff., (Stand 28.09.2012)
[48] vgl. ebd. S.56 (Stand 28.09.2012)

4.2. Basel III hat eine Kreditverknappung zur Folge!

Um zu untersuchen, ob die neuen Eigenkapitalvorschriften Auswirkungen auf die Kreditvergabepolitik der Banken haben, muss auf die verschiedenen Geschäftsmodelle eingegangen werden, da die Unterschiede gravierend sind.

Die privaten Geschäftsbanken weisen per Juni 2010 im Durchschnitt eine Kernkapitalquote von 11,48%[49] auf. Diese bezieht sich auf das Basel II-Regelwerk. Laut einer Studie der Europäischen Bankenaufsicht läge die Kernkapitalquote nach neuer Definition bei 5,96% und damit deutlich unter dem geforderten Wert. Da diese Berechnungen im Juni 2010 stattfanden, sind Kapitalerhöhungen von diversen Privatbanken noch nicht inbegriffen. Die Bedeutung der neuen Bewertung der risikogewichteten Aktiva wird am Beispiel der Deutschen Bank AG deutlich. Eine Simulation hat gezeigt, dass sich die risikogewichteten Aktiva nach neuer Berücksichtigung von EUR 341 Mrd. auf EUR 529 Mrd. erhöhen werden. Die Hauptursache liegt hierbei im vergleichsweise großem Handelsbuch des Institutes. Die Forderungen der neuen Eigenkapitalvorschriften können nur durch Erreichen der ehrgeizigen Gewinnziele und Reduzierung des Handelsbuches der Privatbanken erreicht werden. Sofern die Institutsgruppe das umsetzen kann, ist keine Reduzierung der Kreditvergabe zu befürchten. Allerdings ist es wahrscheinlich, dass die Kreditvergabepolitik strenger gelebt wird und somit der Kampf um bonitätsstarke Kunden zunimmt.

Bei den öffentlich-rechtlichen Instituten liegt die Kernkapitalquote nach alter Definition im Juni 2010 bei 9,91%[50] und damit deutlich geringer als bei den privaten Instituten. Allerdings ist hier der Anstieg der risikogewichteten Aktiva weit weniger dramatisch, da die Marktpreisrisikopositionen nur einen geringen Teil des Risikoportfolios ausmachen. Der Nachteil dieser Institutsgruppe ist, dass sie die Erhöhung des Eigenkapitals durch außen nur durch Erhöhung von Dotationskapital durchführen können. Dies scheint aufgrund der angeschlagenen Situation vieler Landesbanken allerdings als unrealistisch. Eine andere Möglichkeit zur Anhebung der Quote ist die Gewinnthesau-

---

[49] vgl. http://www.familienunternehmer.eu/uploads/tx_wfmedienpr/gutachten_basel_III.pdf, S. 72ff., (Stand 28.09.2012)
[50] vgl. ebd.

rierung. Allerdings haben die meisten Institute dieser Gruppe den Großteil ihrer Gewinne mithilfe der Fristentransformation erzielt. Mit Einführung der Mindestliquiditätsquote sind die Chancen hier künftig beschränkt[51]. Daher ist eine Kürzung der Neukreditvergabe hier durchaus denkbar.

Im Genossenschaftssektor liegt die Kernkapitalquote im Juni 2010 bei 9,79%[52]. Ähnlich wie bei den öffentlich-rechtlichen Instituten sollte die Erhöhung der risikogewichteten Aktiva aufgrund der Marktpreisrisiken nicht enorm sein. Das größte Problem für Institute dieser Gruppe könnte die künftige Nichtanrechnung von Genossenschaftsanteilen als hartes Kernkapital darstellen. Da diese Positionen nicht die 14 Punkte des Kriterienkatalogs erfüllt, wird allerdings derzeit an einer Satzungsänderung gearbeitet. Die Genossenschaftsbanken können die Anforderungen nach Basel III dann durch die Ausgabe neuer Genossenschaftsanteile erreichen. Allerdings ist der Markt hier fast ausgeschöpft. Weiterhin hat jedes Mitglied nur einen Anteil und es ist mit keiner ausreichenden Erhöhung zu rechnen. Die Institute haben, ähnlich wie der öffentlich-rechtliche Sektor, einen Großteil ihrer Gewinne durch Fristentransformation erreicht. Auch hier greift die Mindestliquiditätsquote ein und begrenzt künftig die Möglichkeiten. Aus den genannten Gründen kann ebenfalls eine Reduzierung der Kreditvergabe im Bereich der Genossenschaftsbanken zu verzeichnen sein.

---

[51] vgl. http://www.familienunternehmer.eu/uploads/tx_wfmedienpr/gutachten_basel_III.pdf, S. 72ff., (Stand 28.09.2012)
[52] .vgl. ebd.

4.3. Es gibt bestimmte Geschäftsmodelle, die benachteiligt werden!

Das Regelwerk von Basel II wurde sehr auf die risikoabhängige Eigenkapitalunterlegung abgestimmt. Da es keine Bestimmung über das Verhältnis des tatsächlichen Kreditvolumens zum Eigenkapital des Institutes gab, wurde im Regelwerk von Basel III der Verschuldungsgrad implementiert. Das hat allerdings zur Folge, dass gerade Spezialinstitute benachteiligt werden.

Die Berechnung des Verschuldungsgrades erfolgt nicht risikobasiert. Das bedeutet, dass das vollständige Kreditportfolio des Institutes unabhängig von seinem Risikogehalt angerechnet wird. Weiterhin werden Sicherheiten nicht berücksichtigt. In diesem Fall wird es besonders für Spezialinstitute, zum Beispiel für Hypothekenbanken, Probleme geben. Diese Institute verfügen in der Regel über ein großes und risikoarmes Kreditportfolio.

Das wird am vereinfachten Beispiel der Berlin-Hannoverschen Hypothekenbank AG deutlich. Gemäß des Halbjahresfinanzberichtes vom 30.06.2012 beträgt das Eigenkapital EUR 831 Mio. Die Summe der Aktiva wird mit EUR 40.113 Mio. angegeben.[53]

Wie bereits im Kapitel 3.4 erwähnt, muss der Verschuldungsgrad ≥ 3% betragen. Unter Berücksichtigung der oben genannten Daten betrüge der Verschuldungsgrad zum jetzigen Zeitpunkt 2,07 %.

Eine andere Definition des Verschuldungsgrades sagt aus, dass die Summe der Aktiva maximal dem 33,33-fache des Eigenkapitals entsprechen darf. Wiederum am obigen Beispiel betrachtet, dürfte die Summe der Aktiva nur EUR 27.697 Mio. betragen. Das bedeutet, dass das Kreditportfolio um ca. EUR 12.415 Mio. abgebaut oder das Eigenkapital um EUR 373 Mio. erhöht werden müsste.

Das aufgeführte Beispiel verdeutlicht, dass nach der Beobachtungsphase, die am 31.12.2016 endet, eine entsprechende Kalibrierung und Anpassung erfolgen muss.

---

[53]vgl. http://www.berlinhyp.de/uploads/media/hjfb_1508_web.pdf (Stand 28.09.2012)

4.4. Die neuen Liquiditätsstandards führen in die falsche Richtung!

Die neuen Liquiditätsquoten stellen eine Weiterentwicklung der bisherigen Liquiditätsverordnung dar. Im Folgenden wird auf die Unterschiede näher eingegangen, indem die
Liquiditätskennzahl mit der Mindestliquiditätsquote verglichen wird.

Der Aufbau der Formel der Mindestliquiditätsquote ist ähnlich dem der Liquiditätskennzahl. Als Unterschied ist aufzuführen, dass es sich bei der Berechnung der Liquiditätskennzahl um die Berechnung im Normalfall handelt, während der Mindestliquiditätsquote ein Stressszenario zu Grunde liegt.[54] Gravierender jedoch ist die unterschiedli-
che Definition der beiden Bezugsgrößen, die zu einer deutlichen Verschärfung führt.

Die nachfolgende Tabelle stellt die erstklassig liquiden Aktiva und die Zahlungsmittel
gegenüber.

Mindestliquiditätsquote	Liquiditätskennziffer
Erstklassige liquide Aktiva	Zahlungsmittel (keine Anrechnungs-begrenzung, kein Haircut)
Stufe 1: (unbegrenzte Anrechnung, kein Haircut) <ul><li>Barmittel und Zentralbankguthaben</li><li>marktgängige Schuldtitel öffentlicher Emittenten mit einem Risikogewicht von 0%</li><li>Staats- und Zentralbankschuldtitel mit einem Risikogewicht > 0%</li></ul>	<ul><li>Barmittel</li><li>Zentralbankguthaben</li><li>zur Refinanzierung bei Zentralbanken zugelassene Finanztitel</li><li>nicht wie Anlagevermögen bewertete Wertpapiere nicht wie Anlagevermögen bewertete gedeckte Schuldverschreibungen</li></ul>
Stufe 2: (Haircut von 15%; Anrechnung bis maximal 40%) <ul><li>marktgängige Schuldtitel öffentlichen Emittenten mit einem Risikogewicht von 20%</li><li>liquide gedeckte Schuldverschreibungen</li></ul>	<ul><li>Investmentanteile zu 90% des Rücknahmepreises</li><li>unwiderrufliche Kreditzusagen von Kreditinstituten</li></ul>

---

[54] Vgl. Kapitel 3.5

mit einem Rating von mindestens AA- • liquide Unternehmensanleihen mit einem Rating von mindestens AA	

Abbildung 8: erstklassig liquide Aktiva und Zahlungsmittel im Vergleich[55]

Aus der obenstehenden Tabelle ist zu entnehmen, dass die unwiderruflichen Kreditlinien bei den künftigen Liquiditätsstandards keine Berücksichtigung mehr finden, da davon ausgegangen wird, dass in einer Liquiditätskrise die Banken ihre Kreditzusagen nicht mehr einhalten können. Außerdem werden Staatsanleihen weiterhin unbegrenzt angerechnet. Allerdings können künftig Unternehmensanleihen nur noch begrenzt berücksichtigt werden.

Da die Institute ihre Mindestliquiditätsquote über einem Wert von 100% halten müssen, werden sie gezwungen sein, bestimmte Bestandteile zu eliminieren, beziehungsweise durch andere zu substituieren. Daher werden die Institute eher Staats- als Unternehmensanleihen in ihrem Portfolio halten. Das hat zur Folge, dass die Nachfrage nach Staatsanleihen überproportional steigt. Der Zusammenhang zwischen Nachfrage und Rendite lässt keinen Zweifel daran, dass die Rendite für diese Papiere sinken wird. Die Staaten werden dieser erhöhten Nachfrage gern mit der Ausgabe und Ausgestaltung neuer Produkte entgegenkommen. Die Bonität der einzelnen Staaten wird dabei völlig außer Acht gelassen. Dies führt früher oder später zu einer noch größeren Staatsverschuldung.

Gegenteilig verhält sich das Genannte bei Unternehmensanleihen. Durch die begrenzte Anrechnung wird die Nachfrage hier sinken und die Renditen entsprechend steigen. Das bedeutet allerdings auch, dass die Unternehmen weniger Investitionsmöglichkeiten haben, da sie mit einem geringeren Finanzierungsspielraum rechnen müssen.

---

[55] eigene Darstellung angelehnt an „http://www.familienunternehmer.eu/uploads/tx_wfmedienpr/gutachten_basel_III.pdf (S. 33) (Stand 28.09.2012)

Die folgende Tabelle zeigt einen Ausschnitt[56] der Verbindlichkeiten beider Kennzahlen:

Mindestliquiditätsquote	Liquiditätskennzahl
Verbindlichkeiten mit einer Fälligkeit bis zu 30 Kalendertagen	Innerhalb von 30 Tagen abrufbare Zahlungsverpflichtungen
<ul><li>Spareinlagen 5%</li><li>kurzfristige Einlagen von Banken 100%</li></ul>	<ul><li>Spareinlagen 10%</li><li>kurzfristige Einlagen von Banken 40%</li></ul>

Abbildung 9: Verbindlichkeiten und Zahlungsverpflichtungen - eigene Darstellung[57]

Damit die Institute die Mindestliquiditätsquote günstig berechnen können, muss der Ansatz der Verbindlichkeiten beziehungsweise der Zahlungsverpflichtungen möglichst gering gehalten werden.

Bislang wurden Spareinlagen mit 10% berücksichtigt. Bei der Berechnung der Mindestliquiditätsquote werden diese nur noch mit 5% ansetzt. Hierbei muss erwähnt werden, dass über das klassische Sparbuch durchaus mit einer monatlichen Auszahlung in Höhe von EUR 2.000,00 oder mit einer entsprechenden Strafzahlung im Ganzen verfügt werden darf. Diese Einlagen finden hier dennoch Anwendung, da der Baseler Ausschuss die Einschränkung definiert, dass bei vorzeitiger Verfügung die Strafzahlung höher sein muss als der Zinsverlust[58]. Bei den Strafzahlungen in Höhe von ¼ des Guthabenzinses ist davon nicht auszugehen.

Der Wettbewerb in diesem Kundensegment wird folglich ansteigen. Daher werden besonders die Großbanken einen aggressiven, höherverzinslichen Produktkatalog auf dem Markt platzieren. Die Sparkassen, die sich bislang mit etwa 67%[59] durch die Einlagen von Privatpersonen refinanzieren, werden ihren Wettbewerbsvorteil nur schwer halten können und müssen ihren Kunden ebenfalls attraktive Angebote unterbreiten. Die

---

[56] Vollständige Tabelle http://www.bis.org/publ/bcbs188_de.pdf (Stand 28.09.2012)
[57] angelehnt an „http://www.familienunternehmer.eu/uploads/tx_wfmedienpr/gutachten_basel_III.pdf, (S. 36) (Stand 28.09.2012)
[58] vgl. http://www.bis.org/publ/bcbs188_de.pdf , S. 15, (Stand 28.09.2012)
[59] vgl. http://www.familienunternehmer.eu/uploads/tx_wfmedienpr/gutachten_basel_III.pdf, S. 76, (Stand 28.09.2012)

Vorteile der Großbanken liegen in der steigenden Wechselbereitschaft der Kunden sowie deren vermehrter Onlinenutzung zur Abwicklung von Bankgeschäften.

Spiegelbildlich dazu verlieren die kurzfristigen Einlagen von Banken an Attraktivität, da sie künftig statt zu 40% mit 100% angerechnet werden. Die Nachfrage wird diesbezüglich sinken. Das hat zur Folge, dass die zur Zeit sehr stark miteinander verflochtenen Interbankenbeziehungen nach und nach reduziert werden. Gerade für Großbanken, die sich zum größten Teil über den Interbankenmarkt refinanzieren, wird das ein Problem darstellen.

Laut einer Studie des Baseler Ausschusses liegt die Mindestliquiditätsquote der Großbanken derzeit bei 83% und ist somit fern ab des gewünschten Zieles[60].

4.5. Basel III macht die Kreditaufnahme für Unternehmen unbezahlbar oder fast unmöglich

Wie bereits im vorgehenden Kapital erwähnt, werden die Institute aufgrund der Anrechnung bei der Mindestliquiditätsquote eher Staats- als Unternehmensanleihen im Bestand halten. Demzufolge wird der Kreditbedarf bei Unternehmen als alternative Finanzierungsform steigen.

Bei der Berechnung der zweiten Liquiditätsquote, der strukturellen Liquiditätsquote, wurde festgestellt, dass sie bei den großen deutschen Instituten zum jetzigen Zeitpunkt im Durchschnitt 93%[61] betrüge. Demnach sind die Institute hierbei schon besser aufgestellt als bei der Mindestliquiditätsquote. Nichtsdestotrotz werden die Institute bemüht sein, möglichst viele Finanzierungen mit einem hohen RSF-Faktor[62] zu eliminieren und durch Positionen mit einem niedrigen RSF-Faktor zu ersetzen.

---

[60] vgl.http://www.familienunternehmer.eu/uploads/tx_wfmedienpr/gutachten_basel_III.pdf, S. 38, (Stand 28.09.2012)
[61] „vgl. ebd., S.42 (Stand 28.09.2012)
[62] Siehe Kapitel 3.5.2

Kredite an Unternehmen und Privatpersonen mit einer Restlaufzeit über einem Jahr haben den höchsten RSF-Faktor von 100%. Das bedeutet, dass diese Kredite in voller Höhe stabil refinanziert werden müssen. Die Institute werden aus diesem Grunde versuchen die Kredite mit einem möglichst hohen Zins den Kunden anzubieten. So können sie die teure Refinanzierung tragen. Außerdem wird die Nachfrage reduziert und die Unternehmen werden gezwungen sein andere Finanzierungsmöglichkeiten in Betracht zu ziehen.

Weiterhin schränken die Liquiditätsvorschriften die Fristentransformation enorm ein. Sie gilt als eine der Hauptaufgaben von Banken und besagt, dass Banken kurzfristige Einlagen hereinnehmen und diese als langfristige Kredite herausgeben.[63] Aufgrund der neuen Quotenberechnungen im Liquiditätsbereich müssen die Banken nun langfristige Kredite auch langfristig und teuer refinanzieren. Diese zusätzlichen Kosten werden dem Kreditzins der Kunden zugerechnet. Als Alternative zu langfristigen Krediten können die Unternehmen kurzfristige Finanzierungen in Erwägung ziehen. Allerdings besteht dann immer die Gefahr, dass die Kredite nicht oder mit höheren Zinsen prolongiert werden.

Durch die neuen und komplizierten Regelungen müssen die Ratingsysteme der Institute aktualisiert werden. Dies führt zu höheren Kosten, die an die Kunden weitergegeben werden. Desweiteren besteht die Möglichkeit, dass Institute aus Gründen der Geschäftspolitik und geringen Ertragskraft bestimmte Sparten nicht mehr mit Finanzierungen bedienen werden. Alternativ können die Kunden durch Stellung von werthaltigen Sicherheiten die Institute von ihrer Kreditwürdigkeit überzeugen.

---

[63] http://www.finanz-lexikon.de/fristentransformation_2722.html (Stand 28.09.2012)

5.   Fazit

In der vorliegenden Arbeit wurden die Regelungen der neuen Eigenkapitalvorschriften in groben Zügen dargestellt und diskutiert. Bei der Betrachtung der Komplexität des Rahmenwerkes wird deutlich, dass eine einfache Zustimmung oder Ablehnung der Vorschriften kaum möglich ist. Die Beobachtungsphasen werden zu Kalibrierungen und Einführungen von Ausnahmeregelungen führen.

Die Übergangsfristen werden dafür Sorge tragen, dass die Neuerungen nicht zu einer Kreditverknappung führen und somit keinen gravierenden Eingriff auf die Volkswirtschaften haben. Grundsätzlich sollte es den Instituten möglich sein die Regelungen umzusetzen. Positiv ist zu bewerten, dass Mitarbeiter der Branche ebenfalls der Meinung sind.

Es wird in Zukunft eine Veränderung der Kreditvergabepolitik der Institute geben. Das ist sicherlich eines der Ziele, welches indirekt mit der Einführung verfolgt wird. Weiterhin wird sich die Bankenlandschaft ständig wandeln. Diese Veränderungen in der Finanzwelt sind nicht einzig auf die neuen Eigenkapitalvorschriften zurückzuführen. Andere gesetzliche Bestimmungen sowie der technische Fortschritt werden ebenfalls eine Einwirkung auf die Geschäftspolitik der Institute haben.

„Die Eigenkapitalquote einer Bank kann ungeachtet ihrer Höhe nie ein verantwortungsvolles Risikomanagement ersetzen." [64]

Eine umsichtige Risikopolitik kann durch keine Vorschrift gesteuert werden. Die Institute werden auch in Zukunft neue Phantasieprodukte erfinden, die in dem ausführlichen Rahmenwerk noch nicht berücksichtig wurden. Daher wird Basel III nicht die letzte Neuerung für die Eigenkapitalregelungen in der Finanzwelt sein.

---

[64] vgl. Stocklassa, S. 16

III   Abkürzungsverzeichnis:

- IT   =   Informationstechnik
- SolvV   =   Solvabilitätsverordnung
- KSA   =   Kreditrisikostandardansatz
- IRBA   =   Internal Ratings-Based Approach
- KWG   =   Kreditwesengesetz
- MaRisk   =   Mindestanforderungen an das Risikomanagement
- BaFin   =   Bundesanstalt für Finanzdienstleistungen
- bspw.   =   beispielsweise
- GDP   =   Gross Domestic Product
- ASF   =   Available Stable Funding
- RSF   =   Required Stable Funding
- AG   =   Aktiengesellschaft
- Mrd.   =   Milliarden
- Mio.   =   Millionen
- LBB   =   Landesbank Berlin
- GmbH   =   Gesellschaft mit beschränkter Haftung
- SKP   =   S-Kreditpartner
- AG&Co.KG   =   Aktiengesellschaft & Compagnie Kommanditgesellschaft
- OTC   =   Over the Counter
- bzw.   =   beziehungsweise

VI. Quellenverzeichnis

Literaturverzeichnis:

- Zureck, Alexander (2011): Die Bankenregulierung Basel III des Basler Ausschusses für Bankenaufsicht, 1. Auflage, Norderstedt
- Baer, Michael (2012): Basel III aus dem Blickwinkel der Prozyklizität, Saarbrücken
- Beck-Texte (2009): Bankrecht, 36. Auflage, München
- Stocklassa, Damaris (2011): Konsequenzen aus Basel III, 1.Auflage, Norderstedt
- Breidenbach, Stefanie (2011): Basel III und das Risikomanagement der Banken, Hamburg
- Abicht, Rolf / Banh, Minh / Dr. Vocke-Schöhl, Katharina / Dr. Wöllenweber, Cordula (2010): Studienwerk der Frankfurt School of Finance – Allgemeine Bankbetriebswirtschaft, Frankfurt

Internetquellen:

- www.bundesbank.de
- www.bankenservice.de
- www.bis.org
- www.deutsches-institut-bankwirtschaft.de
- www.familienunternehmer.eu
- www.deloitte.com
- www.msg-gillardon.de
- www.finanz-lexikon.de

Anhang

Experteninterview

1. In welcher Form begegnen Ihnen die neuen Eigenkapitalvorschriften in der Praxis?

   Ich arbeite in einer Unternehmensberatung und bin mit der Umsetzung der Anforderungen aus Basel III in verschiedenen Banken beschäftigt.

2. Warum war es Ihrer Meinung nach nötig die Regelungen von Basel II zu überarbeiten?

   Durch die Finanzkrise war es mehr als offensichtlich, dass die Kapitalausstattung, insbesondere die der kapitalorientierten Großbanken, in Höhe und Qualität nicht ausreichte und in Zeiten fehlendem Liquiditätsaustauschs im Interbankenmarkt der Staat bzw. die Zentralbanken eingreifen und die Banken stützen mussten. Dieser Effekt wurde durch die hohe Verschuldungsquote, vor allem durch derivative Geschäfte, verstärkt. Insofern waren die Neuerungen aus Basel III, die auf diese Kernthemen abzielten, unumgänglich.

3. Welche Punkte sehen Sie am wichtigsten und besten an und warum?

   Die Anforderungen an Qualität und Quantität des geforderten Eigenkapitals wird zur Stärkung des Finanzsektors führen. Zudem sind die Übergangsbestimmungen so gewählt, dass den Instituten genug Zeit eingeräumt wird, damit sie entweder neues Kapital an den Börsen aufnehmen können oder ihre kapitalintensiven Geschäfte zurückfahren können.

4.   Welche neuen Regelungen finden Sie eher kritisch?

Kritisch sehe ich insbesondere den Umstand, dass nahezu alle Anforderungen für Groß- wie auch für Kleinbanken gelten. Somit werden meiner Meinung nach die Kleinbanken überfordert. Dadurch kommt es zu einem weiteren verstärkten Fusionsprozess, der wiederum die systemischen Risiken aufgrund der Konzentration in nur wenigen Großbanken erheblich erhöht.

5.   Welche Regelungen werden die Banken am schwierigsten umsetzen können?

Das kann man nicht an ein oder zwei Teilthemen festmachen. Grundsätzlich ist es für Großinstitute mit verschiedenen Töchtern schwierig alle Meldungen in einem qualitativ entsprechenden Umfang auf verschiedenen Meldeebenen (Einzelinstitut, Teilkonzern oder Gesamtkonzern) unter Berücksichtigung der vorherrschenden Rechnungslegungsvorschriften (HGB, IFRS) bereitzustellen. Die systemtechnische Umsetzung stellt viele Banken vor solch hohen Anforderungen, dass ich bezweifle, dass in zwei bis drei Jahren die Meldedaten die wirkliche Realität in den Banken widerspiegeln können. Falsche Daten und Auswertungen können dann im Zweifel in der Unternehmens- und Kapitalsteuerung zu Fehlsteuerungsimpulsen führen.

6.   Stellen Sie sich die Bankenwelt im Jahr 2020 vor. Wie könnte diese Ihrer Meinung nach aussehen?

Auch wenn die Kapitalstärkung sicherlich zu einer Erhöhung der Stabilität führen wird, müssen die Banken wiederum um wettbewerbsfähig zu bleiben sich zusammentun. Dadurch werden insbesondere in Deutschland weitaus weniger Sparkassen und Volkbanken verbleiben. Das wiederum wird zu einer Verschlechterung der Stabilität führen.

Spannend ist die Frage, wie die Unternehmensfinanzierung im Jahr 2020 durch Banken aussehen wird. Ich glaube, dass durch die durchschnittliche Erhöhung der Kreditkosten und ggf. Erschwerung der Kreditvergabe aus der Umsetzung der neuen Anforderungen heraus Unternehmen stärker auf Eigenkapital angewiesen sein werden. Dadurch wird sich grundsätzlich einerseits die Unternehmensrefinanzierung und andererseits das Anlageverhalten der Kapitalgeber, sprich der Bürger, ändern: Da mehr Eigenkapital verlangt wird muss dieses attraktiver verzinst werden. Das kann vielleicht dazu führen, dass der Anteil an Sparkonten und Bundesanleihen in den Depots und in der Altersvorsorge abnimmt und der Anteil an Aktien und Beteiligungen in Form von Direktanlagen oder Investmentfonds wiederum steigt.